Der Dom zu Mainz

Bilder einer Kathedrale

Wir danken der ZDF Enterprises GmbH, Mainz für die finanzielle Unterstützung
bei der Produktion dieses Buches

Der Dom zu Mainz

BILDER EINER KATHEDRALE

Gesehen von Martin Blume und Bernd Radtke

Herausgegeben von der Stiftung Hoher Dom zu Mainz
im Verlag der Universitätsdruckerei H. Schmidt, Mainz

Geleitwort

von Karl Kardinal Lehmann
Bischof von Mainz

Mainz hat schon von frühester Zeit an einen klingenden Namen. Heute verbinden viele die Stadt, wo Rhein und Main zusammenfließen, nicht zuletzt mit Fastnacht, vielen Festen und mit dem Zweiten Deutschen Fernsehen. Das goldene Mainz ist aber auch in der Nähe und in der Ferne gekennzeichnet durch seinen Dom. Er ist nicht nur ein lebendiges Denkmal für eine reiche Geschichte geistlicher und weltlicher Ereignisse, sondern er ist für die Stadt selbst, die ganze Region und gerade auch für die Mainzer, die außerhalb ihrer Stadt wohnen und leben, das Wahrzeichen schlechthin.

Schon von den Rheinbrücken her und erst recht vom Flugzeug aus ist der erhabene und geradezu stolze Dom unübersehbar. Nähert man sich ihm, ist man im Vergleich zu anderen Domen überrascht, dass man fast ganz um ihn herumlaufen und ihn von mehreren angrenzenden Plätzen aus gut sehen kann, obwohl die alte Umbauung mit Wohnhäusern bewahrt ist. Er ist somit wirklich ein Dom mitten im Leben, wie man besonders an den Markttagen wahrnehmen kann.

Der Dom ist so selbstverständlich geworden im Leben der heutigen Stadt, dass man seine lange und große Geschichte beinahe vergisst. Schon im zweiten Jahrhundert gab es Christen in Mainz, wahrscheinlich zuerst Kaufleute und Soldaten. Wenn auch die Spuren der folgenden Geschichte spärlicher erhalten sind als z.B. in Trier – Mainz war immer wieder militärisch belagert und vielfach zerstört –, so betreten wir, von einzelnen Zeugnissen abgesehen, in der karolingischen Zeit mehr und mehr festen Boden, besonders mit dem großen Missionar und späteren Erzbischof von Mainz Bonifatius (gest. 754). Gewiss hatte Mainz schon in dieser Zeit eine Bischofskirche, die man bis jetzt ganz in der Nähe des Domes in der inzwischen evangelischen Stadtkirche St. Johannis vermutet.

Als der aus Hildesheim kommende Domherr Willigis 975 Erzbischof von Mainz wurde, erhielt er vom Papst das Privileg, als sein Stellvertreter in Deutschland und Gallien bei allen kirchlichen Amtshandlungen, besonders bei der Kaiserkrönung und auf den Synoden, den Papst zu vertreten, und konnte so eine überragende Stellung einnehmen. Damit war die vom Mainzer Erzbischof seit langem beanspruchte Führungsrolle unter den Bischöfen von höchster Autorität anerkannt worden. Der Erzbischof war Metropolit der größten Kirchenprovinz, päpstlicher Legat, ein mächtiger Reichskirchenfürst, Erzkanzler und Primas des Reiches. Dies alles wollte er durch eine repräsentative neue Kirche, die sich bewusst in vielem dem Bau von St. Peter in Rom anschloss, sichtbar und kräftig zum Ausdruck bringen. Heute ist man geneigt, den Beginn dieses Baus kurz vor der Jahrtausendwende (997/98) anzusetzen. Aus wenigen, aber verlässlichen Quellen wissen wir, dass der Dom nach seiner Fertigstellung vor oder nach der Weihe am 29./30. August 1009 bis auf die Grundmauern abbrannte. Willigis ordnete sofort den Wiederaufbau an, starb aber 1011, sodass erst Erzbischof Bardo 1036 den Dombau durch die Weihe vollenden konnte.

In diese Zeit muss man zurückgehen, um an die Anfänge des heutigen Domes zu gelangen. Der Dom ist wie das Bistum dem hl. Martin geweiht, ein in der fränkischen Zeit besonders häufiges und beliebtes Patrozinium. Der Dom wurde großzügig und prächtig ausgestattet, er wurde, wenigstens in Teilen, zu einem Vorbild für fast gleichzeitig und

später errichtete Dome und Basiliken. Er erlebte Königskrönungen, wichtige Synoden, aber auch große Hochzeiten und viele festliche Gottesdienste. Er zeugt bis heute durch seine reiche Zahl von Gräbern und Denkmälern davon, wie die Menschen in ihm eine letzte Ruhestätte suchten. Für die ununterbrochen gefeierten großen Gottesdienste war vor allem das Domkapitel zuständig, schon seit dem 9. Jahrhundert ein wichtiges Element der Kontinuität in der Sorge um den Dom und in der Mitverantwortung für die Erzdiözese.

Freilich blieben dem Dom auch nicht die Schicksalsschläge der Geschichte erspart. So wissen wir von Bränden, Zerstörungen durch Unwetter und Blitze, aber auch durch Beschießungen, wie sie z.B. im Jahr 1793 von keinem Geringeren als Goethe beschrieben wurden. Der Dom war eine Ruine. Vieles lag in Trümmern. Weil der Dom »wie eine wüste Insel« aussah, wollte man ihn gänzlich abtragen, ähnlich wie den alten Kaiserdom zu Speyer. Die Inneneinrichtung wurde bereits veräußert, z.B. das kostbare Chorgestühl. Der Dom wurde streckenweise als Lazarett und sogar als Pferdestall benutzt. Es ist das große Verdienst des ersten Bischofs der neu erstandenen kleinen Diözese Mainz, Joseph Ludwig Colmar, dass er durch seine Beziehungen zu Napoleon den Mainzer Dom retten konnte, übrigens auch den Dom von Speyer.

Der Dom kann also eine lange Geschichte mit Höhepunkten und Niedergängen erzählen, die so zwiespältig und mehrdeutig ist wie die menschliche Geschichte überhaupt. Sie bezeugt sich auch in der Kirche. Die verschiedenen Jahrhunderte haben den Dom nicht nur geschützt und saniert, sondern ihn durch die vielen Baustile zugleich tief geprägt, wenn auch in unterschiedlicher Weise. Auch wir haben in jüngster Zeit in der Sakramentskapelle moderne Glasfenster und ein zeitgenössisches Altarbild verwirklicht. Manches, was früher entstand und später zeitweise nicht mehr verstanden wurde, wie die im 19. Jahrhundert im Langhaus angebrachten Wandbilder, erfährt z.B. heute wieder eine größere Wertschätzung. Manches ist freilich verloren gegangen. So ist der Dom in vieler Hinsicht eine durch alle Jahrhunderte gehende und von ihnen jeweils geprägte Baustelle, unterstützt durch die Tradition der Dombauhütte, ähnlich wie die Kirche überhaupt sich als ein solcher lebendiger Bau versteht und darstellt.

Wenn man sich so durch die Zeiten bewegt, dann spürt man auch etwas von den tieferen Motiven des Ursprungs und der Existenz des Domes. So sehr er sich geschichtlich wirksamen, politischen und kulturellen Antriebskräften verdankt, so wurzelt er schließlich doch in der grundlegenden Zielbestimmung, ein Haus Gottes zu sein, das vom Lob und Preis Gottes, von Fest und Feier, vom Reigen des Kirchenjahres zutiefst bestimmt wird. Bei aller Rede, dass der Dom ein Wahrzeichen der Stadt und der Region ist: er hat gewiss die Jahrhunderte mit ihren Schicksalsschlägen nur überdauert, weil er unaufhörlich der Ort des Gebetes und des Gottesdienstes war und ist. Nur dadurch hatte man immer wieder die unüberwindbare Kraft, ihn trotz so vieler Schicksalsschläge zu retten.

Ein romanischer Dom steht mächtig auf dieser Erde und in unserer Zeit, mitten im pulsierenden Leben. Er verschließt sich nicht der Sorge der Menschen um das Wohl und Wehe im Alltag. Vielleicht wird dies am tiefsten und besonders augenfällig sichtbar in den über 30 Darstellungen des hl. Martinus, von der großen Reiterstatue auf dem Dach bis in die eher verborgenen Skulpturen in der Sakristei. Hier geht es sichtbar um die Einheit von Gottes- und Nächstenliebe, wenn der Offizier Martin die Hälfte seines Mantels dem frierenden Bettler überlässt. So baute man auch in der Nähe des Domes schon in früher Zeit ein Hospital für die Kranken und Siechen, die Armen und die Alten. Aber die Bedeutung des Bauwerks beschränkt sich nicht auf die Ebene der Mitmenschlichkeit. Auch der romanische Dom strebt nach oben und will uns schon durch sein Erscheinungsbild mahnen, dass wir unsere Welt nicht einfach in unseren eigenen Projektionen abschließen und uns mit unseren Interessen einschließen. Er weist schon durch seine Existenz auf unverrückbare Maßstäbe für unser Leben, die wir nicht manipulieren können, sondern die uns zu allen Zeiten und an allen Orten beanspruchen. Der Dom ist darum mit seinen über 1000 Jahren gerade für unsere Zeit auch ein konkretes, unübersehbares Zeichen für die Kontinuität in unserer Geschichte, die bleibende Gegenwart ethischer, kultureller und religiöser Werte und die Unentbehrlichkeit eines lebendigen Glaubens an Gott in einer sichtbaren Gemeinschaft der Menschen. In diesem Sinne hat er auch eine geschichtsmächtige, geradezu zeitlose Bedeutung.

Dieses Dombuch ist im Kontext des 1000-jährigen Jubiläums des Mainzer Domes entstanden. Es zeugt von dem außerordentlichen Willen vieler, ein Buch lebendiger Erinnerung zu schaffen. Wir verdanken die eindrucksvollen Bilder den beiden Fotografen Martin Blume und Bernd Radtke, die sich dem Dom mit größtem Engagement und einem ganz neuen Blick genähert haben. Vor allem danke ich dem Domkonservator Herrn Dr. Hans-Jürgen Kotzur und Frau Bettina Schüpke M.A. für ihren großen und kompetenten Einsatz, aber auch dem Verlag der Universitätsdruckerei H. Schmidt sowie allen, die den Zugang zum Dom jederzeit ermöglicht haben.

Ich wünsche diesem Dombuch viele Freunde, wie wir sie auch im Jubiläumsjahr 2009 in großer Zahl gewinnen konnten.

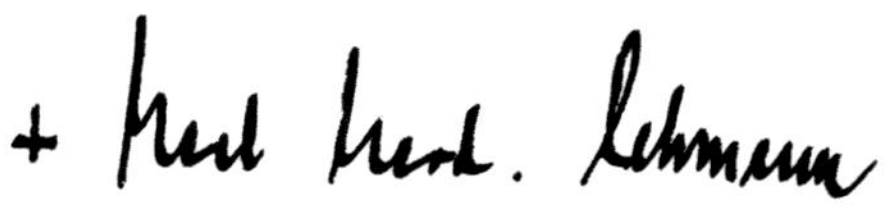

Mainz, 29./30. August 2009

Die Mainzer Bischofskirche St. Martin

Wechselvolle Geschichte und künstlerische Vielfalt

von Dr. Hans-Jürgen Kotzur
Domkonservator

Wenn über Architektur geschrieben wird, dann ist oftmals von ihrer »Formensprache« die Rede, so, als ob die Steine zu uns sprechen und gleichsam als Zeugen der Vergangenheit auftreten könnten. Vielleicht schwingt in solchen Vergleichen die romantische Hoffnung mit, ein historisches Bauwerk offenbare sich irgendwann demjenigen, der sich die Mühe macht, es ausgiebig zu betrachten und in es hineinzuhorchen. Angesichts einer Architektur wie des Mainzer Domes, der in der Vielfältigkeit seiner Gestalt von kaum einem anderen Kirchenbau in Deutschland übertroffen wird, ist dieses Bild besonders reizvoll. Besitzt die nunmehr 1000-jährige Kathedrale tatsächlich eine eigene Sprache, der wir lauschen können? Und wenn ja, wie würde sie sich wohl anhören?

Mit ziemlicher Sicherheit ertönte ein jahrhundertealtes Gewirr von Stimmen, die ganz verschiedene Sprachen und Dialekte sprächen: Ein Gemisch aus Römisch, Lombardisch, Französisch, Italienisch, Flämisch und ab und an auch etwas »Meenzerisch« käme uns da – mal lauter, mal leiser – zu Gehör. Aller Verschiedenheit und auch mancher Dissonanzen zum Trotz würden wir diese Stimmenvielfalt aber als einen harmonischen Klangteppich empfinden, weil ihm die romanische Sprache als gemeinsame Tonart zugrunde liegt.

Dieser Grundton wurde bereits mit Baubeginn des Domes, der einige Jahre nach dem Amtsantritt des Mainzer Erzbischofs Willigis (975–1011) erfolgte, festgelegt und er war unzweifelhaft von römischer Färbung: Der neue, dem hl. Martin von Tours geweihte Kathedralbau präsentierte sich 1009, im Jahr seiner Fertigstellung, als eine doppelchörige Basilika mit weit ausladendem Querhaus, die nach dem Vorbild der Mutterkirche in Rom, Alt-St. Peter, nach Westen orientiert war und im Osten ein vorgelagertes Atrium besaß. Doch brannte dieser imposante Bau am Tage seiner Fertigstellung bis auf die Grundmauern nieder, sodass der heutige Dombesucher die Stimme des ersten »Willigis-Baus« nur noch an wenigen Stellen vernehmen kann, etwa in der um 1137 durch Erzbischof Adalbert I. (1111–1137) errichteten Gotthard-Kapelle, die zu jener Zeit an die Außenmauer des nördlichen Westquerhauses angebaut wurde. Im Jubiläumsjahr 2009 von neuzeitlichem Putz befreit, offenbart diese Kapellenwand eine nunmehr tausendjährige Mauerstruktur, die mit dem breit verstrichenen und geritzten Fugenmörtel beredtes Zeugnis von der einstigen Außengestaltung des ersten Dombaus gibt.

Erst im Jahr 1036, nach einer Wiederherstellungszeit, die fast so lange dauerte wie der Neubau, wurde der Dom durch Erzbischof Bardo (1031–1051) in Gegenwart von Kaiser Konrad II. und dessen Sohn Heinrich III. sowie deren Gemahlinnen und 17 Bischöfen feierlich neugeweiht. Von diesem Wiederaufbau sind heute noch die unteren Teile der beiden östlichen Treppentürme sichtbar. Wiederholte Brandkatastrophen 1081 und 1137 erzwangen weitere Baumaßnahmen, doch Grundgestalt und Ausdehnung der Kathedrale, wie sie Domgründer Willigis festgelegt hatte, blieben auch für die nachfolgenden Erzbischöfe weitgehend verbindlich. Erst im 13. Jahrhundert lernt der Dom eine andere Sprache kennen. Mit dem Bau des neuen Westchores in Form eines Trikonchos mit hohen, lichten Fensterbahnen hielt die aus Frankreich kommende Gotik Einzug in Mainz. Französisch geschult war auch jener Bildhauer – heute unter dem Notnamen »Naumburger Meister« bekannt –, der diesen Chor

→
Seit mehr als 1000 Jahren steht der Dom im Mittelpunkt des täglichen Lebens: Der Aufbau des Marktes vor dem Ostbau auf dem Liebfrauenplatz.

GUT ZUM LEBEN

seitlich und zum Langhaus hin mit einem Lettnerbau abschloss, den er mit einer eindringlichen Darstellung des Jüngsten Gerichts ausstattete. Durch diese Baukampagne, die mit der feierlichen Neuweihe des Chores am 4. Juli 1239 durch Erzbischof Siegfried III. von Eppstein (1230–1249) abgeschlossen wurde, erhielten die Westteile der Kathedrale ein völlig neues Gesicht. Die Aussicht auf einen lichtdurchfluteten Dom trieb Siegfried auch zur Modernisierung des Ostchores an, dessen nunmehr altmodisch anmutende Krypta beseitigt wurde, um das Bodenniveau absenken und die Fenster in der Apsis vergrößern zu können. Wie schon auf der Westseite wurde auch der Ostchor vom Langhaus durch Schranken getrennt, doch gewährten deren eiserne Gitter dem Laienvolk einen gewissen Einblick. In der Zeit zwischen 1279 und 1319 wurde der Dom durch zwei prächtige, durchfensterte Kapellenreihen zu einem fünfschiffigen Kirchenbau erweitert, wie er sich uns bis heute noch darbietet. Bald darauf ließ man die Kathedrale nicht nur in die Breite, sondern vor allem in die Höhe wachsen. 1361 setzte man dem östlichen Vierungsturm einen hohen, spitzen Helm auf; der Westvierungsturm scheint dagegen erst gegen Ende des 15. Jahrhunderts einen solchen erhalten zu haben. Mit Ausnahme dieser Turmbekrönung sowie des doppelgeschossigen Kreuzgangs, der seit 1390 das alte »monasterium« sukzessive ersetzte, hinterließ die Spätgotik ihre Spuren nur im Inneren des Domes. Dort aber umso prächtiger. Das 15. Jahrhundert schenkte der Bischofskirche drei wahre architektonische Kleinodien: einen Ostlettner, eine Doppelkapelle und ein Portal. Die ersten beiden fielen den Umbauten des 17. Jahrhunderts zum Opfer; das dritte ist glücklicherweise noch erhalten. Es handelt sich dabei um das filigrane Memorienportal, das der Frankfurter Stadtbaumeister Madern Gerthener um 1410 für das Mainzer Domkapitel schuf. Mit diesem Portal wurde die Formensprache des Domes durch böhmisches, ja internationales Vokabular bereichert, nämlich durch jenen »weichen Stil«, der, ausgehend von der Prager Dombauhütte, damals in ganz Europa Verbreitung fand. Zierlich geformtes Pflanzenwerk und eleganteste Figurenbildung kennzeichnen dieses Stilphänomen, das Gerthener freilich in seiner eigenen Art und Weise umsetzte. Vielleicht war er es auch, der 1418, beauftragt von Erzbischof Johann II. von Nassau (1397–1419), im Mittelschiff jene zweigeschossige, längsovale Memorialanlage fertigstellte, die als »Martinschörlein« bezeichnet wurde. Von dieser Anlage ist nur noch das Untergeschoss – heute als Nassauer Kapelle bekannt – erhalten geblieben. Eine jahrhundertealte Tradition lebt in ihr aber weiterhin fort: Die

↑
Lombardische Kapitelle am Liebfrauenportal.

Nassauer Unterkapelle dient nämlich am Karfreitag als Heiliges Grab und bildet am Karsamstag den Ausgangspunkt für die Osternachtsliturgie.

Mit dem beginnenden Zeitalter des Humanismus kündigte sich auch im Dom ein Geschmackswandel an. Jetzt sprach man wieder eine deutlich italienisch gefärbte Sprache. Zunächst noch zögerlich wurden an einigen Ausstattungsstücken die gotischen Spitzbogen, Fialen und Krabben durch antikische Rundbogen, Pilaster und Hermen ersetzt, wie sie etwa am Grabdenkmal Albrechts von Brandenburg (1514–1545) zu finden sind. Dieser Erzbischof war ein eifriger Förderer des nun modernen Renaissance-Stils. Von jener Epoche blieb der neue Sakristeianbau am Westchor zur Aufbewahrung von Albrechts umfangreicher Reliquiensammlung, des sogenannten »Halle'schen Heiltums«, als einziges architektonisches Zeugnis zurück. Die neue Formensprache manifestierte sich vor allem in den zahlreichen gestifteten Altären der Seitenkapellen und im Querhaus, wo sie sich gegen 1600 zu einem reich gestalteten und virtuos ausgeführten Manierismus entwickelte. Der sogenannte Nassauer Altar aus dem Jahr 1601 – noch an seinem originalen Aufstellungsort im nördlichen Querhaus – oder der um 1613 errichtete Bassenheimer Altar in der St. Magnuskapelle vermögen uns eine Vorstellung von der Ausstattungsfreude jener Jahre vor dem Ausbruch des Dreißigjährigen Krieges zu geben.

Mit der aufkommenden Barockzeit begann dann eine der folgenreichsten Umgestaltungskampagnen des Domes. Im Gefolge der katholischen Reform wurde den Laien eine größere Teilnahme an dem am Hochaltar zelebrierten Messopfer eingeräumt, was nicht ohne Auswirkungen auf die liturgischen Einrichtungen bleiben konnte. Die jahrhundertelang das Gesicht des Kirchenraumes prägenden Lettner und Chorschranken mussten um 1683 weichen, um eine freie Sicht auf die Altäre zu gewährleisten. Doch ganz konnte man sich in Mainz mit dieser Forderung nicht anfreunden. Der den Stiftsherren vorbehaltene Westchor erhielt eine neue Schrankenanlage, die jedoch im Unterschied zum mittelalterlichen Lettner so konstruiert wurde, dass der Blick in die Vierung und den Chor möglich war. Von diesem Einbau sind heute noch die beiden seitlichen Bühnen, in Mainz Choretten genannt, erhalten geblieben, deren leichte und elegante Architektur von einer geänderten Kunstauffassung zeugt. Gegenüber dem überschäumenden Manierismus der vorangegangenen Jahrzehnte entfaltet sie eine zurückhaltendere, aber zugleich auch festlich getragenere Wirkung. Von würdevoller Strenge sind auch die gegen 1700 entstandenen Altäre, deren Materialität nun auf Kosten des Ornaments in den Vordergrund der Gestaltung rückte. Schwarzer und dunkelroter Marmor, auf dem sich die in Gold aufgesetzten Akzente besonders wirkungsvoll ausnehmen, und kontrastierender Alabaster waren die favorisierten Materialien. Vor allem in der Sepulkralkunst, der im 18. Jahrhundert den Innenraum des Domes bestimmenden Gattung, griff man dieses Stilmittel auf und schuf Grabdenkmäler von monumentalen Ausmaßen, deren szenische Darstellungen, von schweren Draperien überfangen, zunehmend theatralische Züge trugen.

Besonders im südlichen Querhaus, wo sich die Grabmonumente gegenseitig an Prunk und Pracht zu übertreffen suchen, kann man das barocke Lebensgefühl und die künstlerischen Vorstellungen jener Zeit unmittelbar erleben. Auf die ursprüngliche Funktion des Querhauses nahm man damals aber keine Rücksicht. Der Raum wirkt heute, als sei er ein ausschließlich zum Zwecke der Memoria errichtetes Mausoleum. Wesentlich respektvoller mit den architektonischen Gegebenheiten der Vergangenheit ging der Hofschreiner Franz Anton Hermann (1711–1770) um, als er in den Jahren 1760–1765 ein neues Chorgestühl für den Westchor fertigte. Er fügte das nur aus dunkel getöntem Eichenholz bestehende Gestühl derart geschickt in die mittelalterliche Raumschale ein, dass es diese nicht negierte, sondern deren schwingende Formen auf zurückhaltende und zugleich dynamische Art und Weise unterstrich. Nicht so sehr die zweifellos virtuos ausgeführten Detailformen, sondern eben jenes Stil- und Raumgefühl des Meisters machen das Mainzer Chorgestühl zu einem unübertroffenen Werk der barocken Kunstschreinerei.

Im Jahr 1767 geriet ein Blitzstrahl, der in den hohen Holzhelm des westlichen Vierungsturmes einschlug, zum Auslöser der letzten großen barocken Umgestaltung des Domes. Mit der Errichtung neuer, steinerner Turmaufsätze für den Hauptturm und die beiden Flankentürme beauftragte man den Baumeister Franz Ignaz Michael Neumann (1733–1785). Die Wahl hätte nicht glücklicher getroffen werden können. Dem ältesten Sohn des berühmten Architekten Johann Balthasar Neumann gelang das Kunststück, dem aus dem 15. Jahrhundert stammenden Unterbau des Turmes eine Bekrönung aufzusetzen, deren Formensprache sich in der Grammatik weiterhin gotisch, doch im Vokabular heiter rokokohaft zeigt. Diese auf so verblüffende Weise stimmig wirkende Lösung verleiht dem Mainzer Dom bis heute seine unverwechselbare Silhouette.

Die einschneidenden Ereignisse im Gefolge der Französischen Revolution, die Besetzung der Stadt durch französische Truppen, ihre Beschießung durch die Preußen, die Plünderung und Zerstörung, die Säkularisation und Versteigerung kirchlicher Güter brachten zu Beginn des 19. Jahrhunderts auch den Dom an den Rand des Untergangs. Bürgerproteste und der Einsatz von Bischof Joseph Ludwig Colmar (1802–1818) verhinderten 1804 den geplanten Abriss der Kathedrale im letzten Moment. Der völlig ausgeräumte Dom konnte aber zunächst nur notdürftig ausgestattet werden. Für eine umfassende

↑
Die neu gestaltete Sakramentskapelle.

Neugestaltung nach klassizistischer Manier fehlten lange Zeit die Mittel. Die ersten, wirklich eingreifenden Maßnahmen erfolgten erst nach der Jahrhundertmitte, als bereits der Geist des Historismus die Künstler und Architekten beflügelte. Um 1860 versah man die Mittel- und Seitenschiffgewölbe mit buntfarbiger Rankenmalerei nach mittelalterlichem Vorbild und gewann den Maler Philipp Veit für die Anfertigung von Entwürfen zur Dekoration der Langhauswände. Die historistische Gewölbeausmalung wurde einige Jahrzehnte später wieder übertüncht, der Veit'sche Bilderzyklus im Stil der »Nazarener« ziert dagegen noch heute die Wandfelder über den Langhausarkaden.

Den wohl stärksten und eigenständigsten Akzent setzte der Historismus mit der radikalen Neugestaltung des Ostchores. Man nahm die dort herrschenden statischen Probleme zum Anlass, erneut eine Krypta einzubauen, wodurch das im 13. Jahrhundert abgesenkte Fußbodenniveau wieder deutlich erhöht wurde. Für den Zugang legte man eine Treppenanlage mit differenzierten Höhenniveaus an und errichtete im Gedenken an Bischof Wilhelm Emmanuel Freiherr von Ketteler (1850–1877) unter der Vierung einen monumentalen Ziborienaltar.

Heute präsentiert sich der Ostchor zwar immer noch als ein durch das 19. Jahrhundert geprägter Hochchor, doch der von Löwen flankierte, einheitliche Stufenberg ist das Produkt einer nachträglichen Umgestaltung in den 1920er Jahren. In dieser Zeit erhielt der Dom auch eine bemerkenswerte Farbgestaltung, die in der konsequenten Anwendung moderner Kunstvorstellungen, namentlich des Expressionismus, international herausragend war. Das von Professor Paul Meyer-Speer entwickelte Farbkonzept sah keine ornamentale Ausmalung wie im 19. Jahrhundert vor, sondern ein System aus nach oben hin immer lichter werdender Farbnuancen, die sich alle innerhalb des Farbenspektrums des natürlichen Sandsteins bewegten. Dieses völlig neuartige Konzept zielte nicht auf die Akzentuierung einzelner Bauglieder, sondern auf eine Harmonisierung aller Raumteile. Bei der 1958–60 durchgeführten Auffrischung wurde diese Farbgebung leider wieder abgeschwächt, indem man die Gewölbekappen in ein einfaches Weiß setzte und die kräftigeren Farbtöne zurücknahm.

Derart umfassende Eingriffe, sowohl baulicher als auch künstlerischer Art, fanden im späteren 20. und 21. Jahrhundert nicht mehr statt. Restauratorische und konservatorische Maßnahmen bestimmen heute weitgehend die am Dom ausgeführten Arbeiten. Trotz der Tendenz zur gestalterischen Zurückhaltung ist auch unsere Zeit dazu aufgefordert, ihre Glaubensfreude mit künstlerischen Mitteln auszudrücken und auf diese Weise den Dom um weitere, neue Stimmen zu bereichern. Der 1998 von Karlheinz Oswald geschaffene Christus oder die jüngst mit Glasfenstern von Professor Johannes Schreiter und einem Altarblatt von Bernd Zimmer neu ausgestattete Sakramentskapelle sind Beispiele dafür, dass sich die Gegenwart einem tausendjährigen Dom nicht nur lauschend, sondern auch sprechend nähern kann.

Domgrundriss

Die im Plan angegebenen Seitenzahlen kennzeichnen den Standort der abgebildeten Objekte bzw. der Fotografen.

- Außen
- Innen
- Über den Gewölben/unter der Erde

Übersicht zur Baugeschichte

Ende 10. Jh. Bau des neuen Domes unter Erzbischof Willigis (975–1011).
1009 brennt der fertiggestellte Dom bis auf die Grundmauern nieder.
1036 weiht Erzbischof Bardo (1031–1051) den wiederhergestellten Dom.
1081 entzündet ein Stadtbrand den Dom.

ab ca. 1100 erfolgt der Neubau des Ostchores und des Langhauses unter Förderung Kaiser Heinrichs IV.
um 1137 lässt Erzbischof Adalbert I. (1111–1137) die doppelstöckige Gotthard-Kapelle errichten.
1137 brennt der Dom erneut.

ab ca. 1190 werden die Seitenschiffe fertiggestellt und eingewölbt. Das Mittelschiff erhält moderne Kreuzrippengewölbe statt der ursprünglich geplanten Gratgewölbe. Das Westquerhaus wird neu errichtet ebenso wie der trikonchale Westchor und die Memorie.
1239 weiht Erzbischof Siegfried III. (1230–1249) den Dom mit dem fertiggestellten Westlettner des Naumburger Meisters.
1279–91 wird die gotische Nordkapellenreihe angebaut.

1300–19 werden die Kapellen an der Südseite errichtet.
1361 erhält der östliche Vierungsturm einen neuen Helm.

um 1400 wird ein neuer zweigeschossiger, dreiflügliger Kreuzgang errichtet.
um 1410 fertigt Madern Gerthener das Memorienportal im Dominneren.
1418 wird die Nassauer Kapelle, gestiftet von Erzbischof Johann II. von Nassau (1397–1419), als doppelgeschossige Memorialanlage fertiggestellt.
um 1440 wird ein Stützpfeiler unter dem östlichen Triumphbogen zusammen mit einer neuen Lettneranlage errichtet.
1482 erfolgt eine Aufstockung des Westvierungsturmes.
um 1495 wird die Marienkapelle (heute Sakramentskapelle) zwischen Marktportal und Nordarm des Westquerhauses erbaut.

vor 1545 kommt es unter Erzbischof Kardinal Albrecht von Brandenburg (1514–1545) zur Vergrößerung der alten Sakristei am Westbau.
1631–35 wird die Stadt durch schwedische Truppen besetzt, die den Dom plündern.

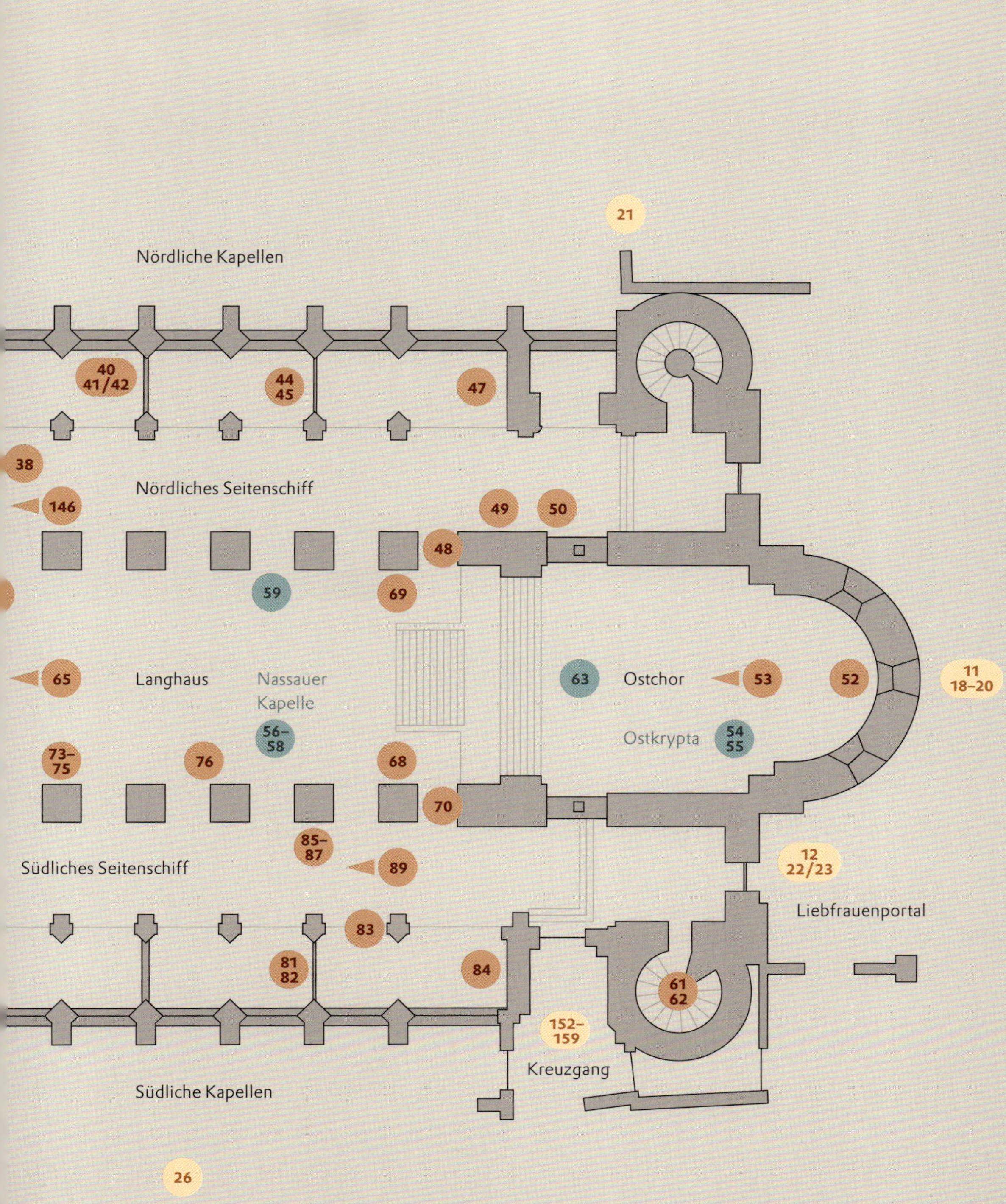

um 1683 erfolgt der Abbruch des gotischen Westlettners und die Errichtung der barocken Choretten. Der Oberbau der Nassauer Kapelle und der Ostlettner werden niedergelegt. Neue Altäre im barocken Stil werden aufgestellt.

1760–65 fertigt Franz Anton Hermann das Chorgestühl für den Westchor.
1767 brennt der Dom nach einem Blitzschlag.
1769–74 versieht Franz Ignaz Michael Neumann den Westvierungsturm und die Flankentürme mit steinernen Abschlüssen.

1793 gerät der Dom durch preußischen Beschuss während der französischen Belagerung der Stadt in Brand.
1797–1803 dient der Dom als Magazin, ein Großteil der Ausstattung wird öffentlich versteigert.

1804 rettet Bischof Joseph Ludwig Colmar (1802–1818) den Dom vor dem Abriss.
1813/14 nutzen napoleonische Truppen den Dom als Lazarett.
1828 erhält der Ostvierungsturm durch Georg Moller eine schmiedeeiserne Kuppel.

1859–64 entsteht der Bilderzyklus für die Hochschiffwände von Philipp Veit und seinen Schülern.
1867–79 werden die Osttürme umgebaut, die Moller-Kuppel wird entfernt ebenso wie der Stützpfeiler unter dem östlichen Triumphbogen im Inneren des Domes. Die Ostkrypta wird wieder hergestellt.
1909–16/ 1924–28 erfolgt die Auswechslung der verfaulten Holzroste unter den Fundamenten und deren Verstärkung. Der Westturm wird gesichert.
1924–28 wird die Treppenanlage vor dem Ostchor neu gestaltet und das Dominnere von Prof. Paul Meyer-Speer farbig getönt.

1942/44 wird der Dom durch Fliegerangriffe beschädigt.
1955–60 erfolgt eine grundlegende Wiederherstellung des Domes.
1971–75 Sicherungs- und Renovierungsarbeiten am Außenbau.

2000/01 wird die Nassauer Kapelle saniert.
2007 erfolgt die Neugestaltung der Sakramentskapelle.
seit 2001 umfassende Restaurierungen am Außenbau des Domes.

↑
Auch im Detail machtvoll: Die romanische Ostapsis.

→
In luftiger Höhe: Die Zwerggalerie des Ostchores.

↑
Sollte dieses Fabelwesen einst Unheil abwehren?
Kapitell an der Zwerggalerie.

↑
Eindrucksvolles Wechselspiel von Formen und Materialien
an der Nordseite des Ostbaus.

Domeingang

←
Das um 1130 geschaffene Liebfrauenportal zeigt Parallelen zur oberitalienschen Skulptur.

↑
Die antikisierenden Kapitelle bilden den Höhepunkt lombardischer Bildhauerkunst am Dom.

↑
Der hl. Martin mit Bettler aus barocker Zeit bekrönt das Westchorquadrat.

→
Die westliche Turmgruppe überrascht mit ihrem eigentümlichen Stilmix aus romanischen, gotischen und barocken Formen.

←←
Prägt wie kein anderes Bauwerk das Mainzer Stadtbild: Die Silhouette des Domes.

←
Der Westbau mit Trikonchos, Querhaus und Westturm zeigt eine lebendige romanische Gliederung.

↑
Die Zügel fest im Griff, wacht der Dompatron über seine Kirche.

↑
Vollendete Symmetrie: Am Westvierungsturm geht die Romanik fließend in die Gotik über.

↑
Seiner Zeit voraus: Unter Verwendung gotischer wie barocker Formen schuf Franz Ignaz Michael Neumann den einzigartigen Abschluss des westlichen Vierungsturmes.

←
Geheimnisvoll: Der Dom im Mondlicht.

→
Der Weg vom Markt in den Dom.

10
KIRCHE AM MARKT
DOMINFORMATION

←
Ein seltener Einblick: Das spätromanische Marktportal wird nur zu besonderen Anlässen geöffnet.

↑
Die um 1000 im Auftrag von Erzbischof Willigis gegossenen Bronzetüren gehören zu den ältesten Teilen des Domes.

↑ →
Besucher betreten vom Markteingang
das nördliche Seitenschiff.

↑
In der Marienkapelle befindet sich das Tumbagrab des Sozialreformers Bischof Wilhelm Emmanuel Freiherr von Ketteler (gest. 1877).

→ →→
Von einem Lichtermeer umgeben erstrahlt die spätgotische »Schöne Mainzerin« im neugotischen Marienaltar.

Marienkapelle
Muttergottesstatue

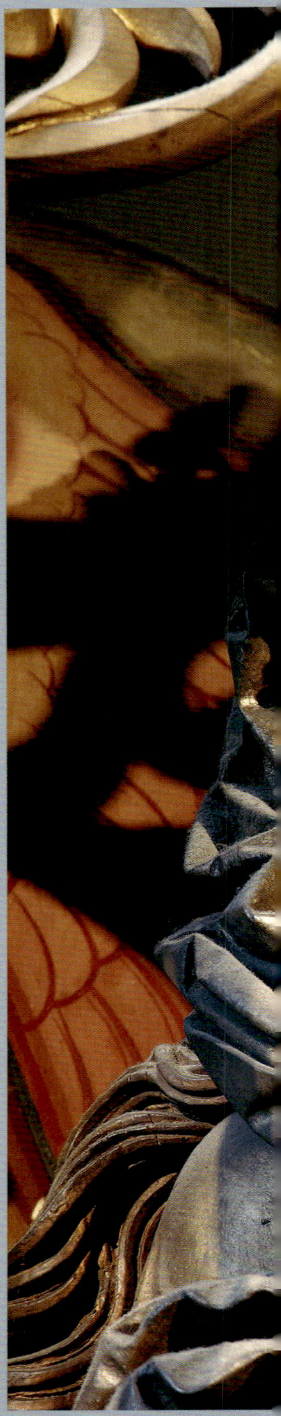

COMENDANTES DIEM EGIT MDCX XII MARTII R.I.P.

← ↑
Die spätgotische Grablegung Christi aus der abgebrochenen Liebfrauenkirche vor dem Bassenheimer Altar (um 1613) mit Szenen der Passion.

46

→
Ungewöhnliche Blickachse in der Barbarakapelle:
Der Saulheimer Altar (um 1668) und die 1998 geschaffene Christusfigur von Karlheinz Oswald.

↑
Detail am Denkmal zweier Domherren von Bocholtz von 1609.

→
Johann Wolfgang Frölicher schuf das Grabdenkmal, dessen Inschrift zur Erinnerung an den General Reichsgraf Karl Adam von Lamberg (gest. 1689) mahnt: »Halt ein, Wanderer, sieh und bewundere den toten Kriegshelden, wie er mit dem Tode kämpft …«

↑
Ausgewogene Proportionen und formale Schlichtheit prägen den romanischen Ostchor.

→
Der Blick durch das Mittelschiff nach Osten zeigt die gewaltigen Ausmaße des Dombaus.

↑
Allerlei mythologische Wesen formen das Brendel'sche Chorgestühl (1581/82) in der Ostapsis, das ursprünglich aus St. Gangolph in Mainz stammt.

→
Blick durch das Altarziborium im Ostchor durch das Mittelschiff zum Westchor.

←
Die zwischenzeitlich zerstörte romanische Ostkrypta wurde erst wieder zwischen 1867 und 1879 aufgebaut.

↑
Der Schrein mit den Reliquien von 22 Heiligen, die im Bistum besonders verehrt werden, wurde 1960 von Richard Weiland geschaffen und ist in der Ostkrypta aufgestellt.

↑ →
Ein architektonisches Kleinod unter der Erde:
Die spätgotische Nassauer Kapelle mit dem hl. Grab.

↑
Von dem 1683 abgebrochenen Obergeschoss der Nassauer Kapelle sind heute nur noch die alten Treppenaufgänge sichtbar.

→
Die Laufgänge der Anfang des 20. Jahrhunderts erneuerten Domfundamente sind fast nie trockenen Fußes zu begehen.

verboten!

← ↑
Die Treppenspindeln im unteren Teil der östlichen Flankentürme gehören noch zum alten Willigis-Bardo-Dom.

→
Die komplizierte neuzeitliche Eisenkonstruktion trägt das Dach des östlichen Vierungsturmes.

64

→
Hauptblickrichtung für alle Dombesucher:
Vom Mittelschiff zum Westchor.

↑
Der Zyklus von Philipp Veit und seinen Schülern zeigt Szenen aus dem Leben Jesu.

→
An den Hochschiffwänden finden sich letzte Zeugen der historistischen Ausmalung des Domes.

VENITE AD AQUAS

←
Zeugen mittelalterlicher Memoria: Die Tumbenplatten von Erzbischof Matthias von Bucheck (gest. 1328) (l.) und Siegfried III. von Eppstein (gest. 1249).

↑
Verbildlichung erzbischöflicher Macht: Peter von Aspelt (gest. 1320) zeigt sich auf seiner Tumbaplatte als Königsmacher.

↑
Erzbischof Matthias von Bucheck im farbigen Licht
der Glasfenster.

→
Die filigrane Domkanzel mit ihrer Fülle an Detailformen ist spätgotischen Ursprungs und wurde 1834 von Josef Scholl neugotisch überarbeitet.

↑
Die Tumbaplatte Erzbischofs Adolf I. von Nassau (gest. 1390) und das Denkmal Bischofs Josef Ludwig Colmar (gest. 1818) an den Mittelschiffpfeilern.

↑
Vergangenheit und Gegenwart in harmonischer Verbindung: Die modernen Glasfenster der Sakramentskapelle hinterfangen das spätgotische Grabdenkmal des Erzbischofs Uriel von Gemmingen (gest. 1514).

↑
Das Denkmal Adalberts von Sachsen (gest. 1484) im Mittelschiff, der noch vor seiner Bischofsweihe starb.

→
Selbstbewusst zeigt Hans Backoffen den Erzbischof Jakob von Liebenstein (gest. 1508) umgeben von den Heiligen Mauritius, Bonifatius, Martin und Georg.

↑
Spielt das Licht mit dem Dom oder der Dom mit dem Licht?

↑
Einblick in die südlichen Seitenkapellen: St. Johanniskapelle mit Fürstenberg Altar (um 1620).

AC NOBILI DNO FRIDERICO
STENBERG HVIVS METROPOL
LAE SVBSENIORI CANº &C. PIAE
MORIAE CAVSA FIERI CVRAVERVN
SD HAEREDES & TESTAMENTARI
NO 1607. OBITVS DIE 9 IANVARII

↑
Die Skulptur des hl. Dionysius (um 1410).

↑
In der Allerheiligenkapelle mit dem Scharfensteiner Altar (1609) beginnt mit Erzbischof Willigis die Reihe der Mainzer Bischöfe und Erzbischöfe in den 1960 geschaffenen Seitenkapellenfenstern.

→ →→
Prunkvoll: Das von Johann Wolfgang Frölicher geschaffene Denkmal des Kurfürsten Anselm Franz von Ingelheim (gest. 1695).

CONSURREXISTIS

88

→
Barocke Grabmäler säumen den Weg durch das südliche Seitenschiff.

↑
Meisterleistung gotischer Bildhauerkunst: Das um 1410 von Madern Gerthener gefertigte Memorienportal, Domseite.

↑
Detail von der Domseite: Hl. Martin.

→
Die romanische Memorie, die erst als Kapitelsaal und später als Begräbnisort diente, wird von einem einzigen Gewölbe überspannt.

←
Stilpluralismus: Romanische Rundbögen
und gotische Spitzbögen in der Memorie.

→
Die Innenseite des Memorienportals.

→
Stimmungsvoller Blick in das Südquerhaus.

↑ →
Anstelle der gotischen Chorschranken errichtete um 1683 Clemens Hinck die barocken Choretten.

↑
Momentaufnahme im südlichen Querhaus.

→
Die Westwand des Südquerhauses mit dem Grabdenkmal des Erzbischofs Konrad II. von Weinsperg (gest. 1396).

↑
Ein barockes Mausoleum: Das mit zahlreichen Grabdenkmälern ausgestattete Südquerhaus.

VIATOR ET LEGE

← ↑
Zwischen den Personifikationen von Zeit und Tod
zeigt sich Dompropst Heinrich Ferdinand von der Leyen (gest. 1714)
an seinem Grabdenkmal.

↑ →
Mit überwältigender Detailfülle stattete Peter Osten das manieristische Denkmal des Dompropstes Georg von Schönenburg (gest. 1595) aus.

FRIDERICUS CAROLUS COMES AB OSTEIN
KAL·MAJ·MDCCXLIII ARCHIEPISCOPUS MO-
TINUS ELECTUS RELIGIONE CONSILIO CON
FIDE IN CÆSAREM ET IMPERIUM FLORUIT·
CISCO I. IMPERII CORONAM IMPOSUIT·
RIDIE NON·JUN·MDCCLXIII EMORTUUS EST:

← Abgang zur neuzeitlichen Bischofsgruft unterhalb des Westchores.

↑ Memento mori.

113

←
Eindrucksvoller Blick in die Gewölbe des Mainzer Domes.

← ↑ →
Der reich gegliederte Kuppeltambour des westlichen Vierungsturmes.

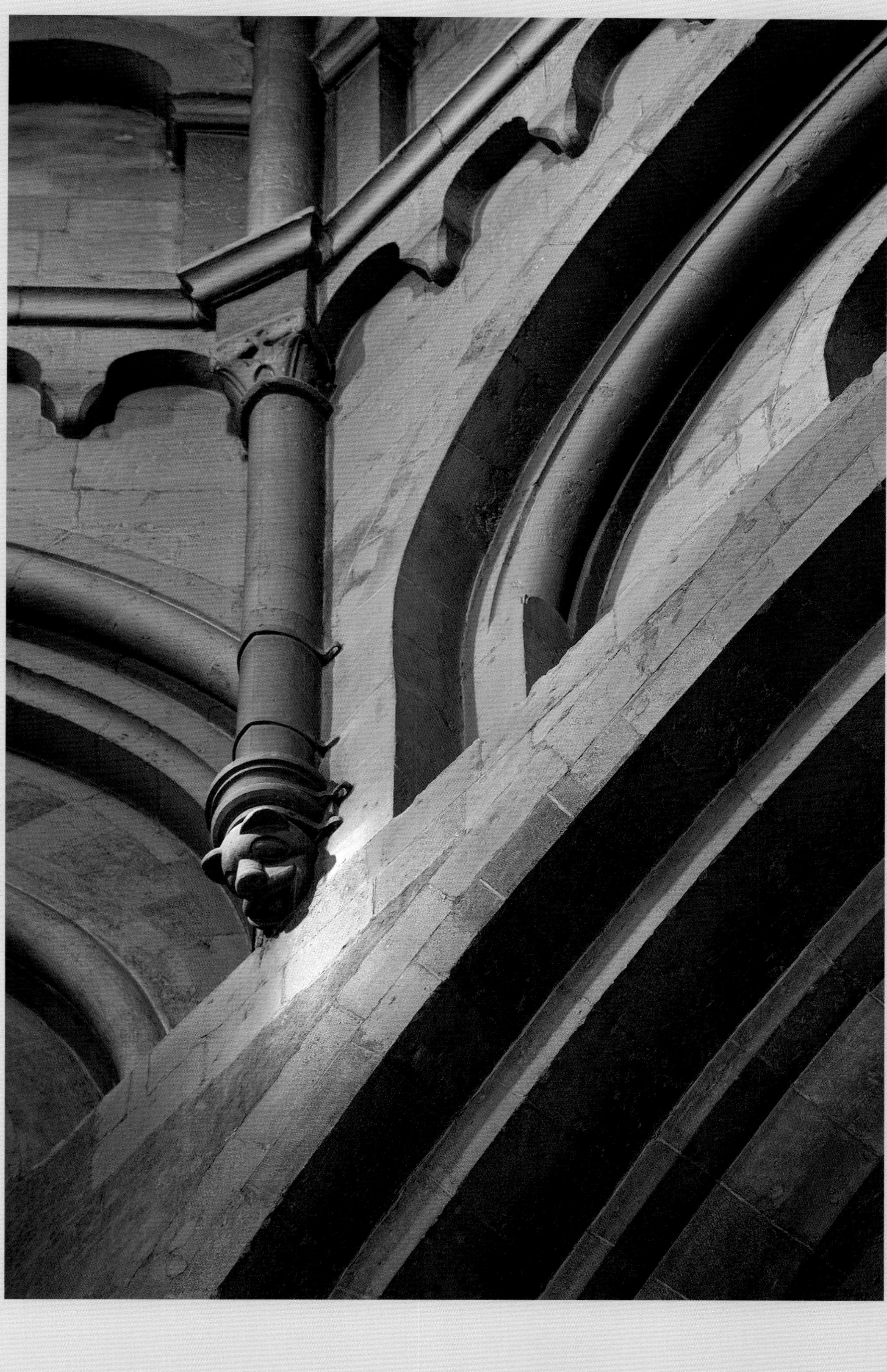

← ↑ →
In einzigartiger Weise fügt sich das Rokokochorgestühl (1760–65) von Franz Anton Hermann in die Architektur des Westchores ein.

↑
Selten wahrzunehmen: Das detailreiche Schnitzwerk.

↑
Der alttestamentliche Priesterkönig Melchisedech ist eine von zwei Skulpturen, die Burkhard Zamels 1725 für die Innenseiten der Choretten im Westchor schuf.

↑
Schmale Stufen führen zu Dach und Türmen.

↑
Der hölzerne Laufgang über den Gewölben
des Mittelschiffs.

↑
Imposante Galerieeinbauten befinden sich im westlichen Vierungsturm.

→
Noch immer beeindruckend:
Die Mechanik der alten Domuhr.

↑
Dachstuhlkonstruktion und Gewölbekappen über dem Mittelschiff.

→
Weit über die Stadt hörbar: Die Glocken des Domes.

SPIRITUS
REFUSA EST

↑ →
Festliche Zelebration des Gottesdienstes.

←
Jahrhundertealte Zeremonie:
Die Fußwaschung am Gründonnerstag.

↑ →
Kerzenlicht erhellt den Dom bei der Feier der Osternacht.

←
Die um 1137 erbaute doppelstöckige Gotthard-Kapelle ist heute Ort der Stille und des Gebets.

↑
Mittelpunkt in der Gotthard-Kapelle ist das lebensgroße romanische Udenheimer Kruzifix (Ende 11. Jahrhundert).

↑
Vorbereitungen für die Feier des Gottesdienstes.

→
Der älteste Teil der Domsakristei aus dem 13. Jahrhundert.

Horst Schneider

↑
Lebendiger Ort im Kirchenjahr: Der Nassauer Altar (1601) mit verhülltem Kreuz in der Karwoche.

→
Blick vom Nordquerhaus in das nördliche Seitenschiff.

↑
Traditionell wacht der Domschweizer während des Gottesdienstes über die Ordnung im Dom.

→
Alles im Blick: Die 1573 von Endres Wolff erneuerte Wächterstube hoch an der Wand des nördlichen Querhauses.

D O M
DEI GRA ARCHIEPS MAGVNTIN
ER MA ARCHICACELL PRINC ELECTOR ETC
NOBILI FAMILIA BRENDEL AB HOMBERG AN
O M D L V ÆTATIS SVÆ XXXIII ELECTVS EC
AVD PAVCIS EMOLVMENTIS AVXIT ATQ AMPLI
VIT IVSTITIA COLVIT RELIGIONE PROMOVI
MILIAN II ET RVDOLPH II CORONAVIT

↑
In malerisches Licht getaucht:
Die Renaissance-Epitaphien im nördlichen Seitenschiff.

→
Dietrich Schro schuf die Grabdenkmäler von Erzbischof Sebastian von Heusenstamm (gest. 1555) und Kardinal Albrecht von Brandenburg (gest. 1545).

→
Synthese aus alt und neu: Die 2007 neu gestaltete Sakramentskapelle mit Kreuzaltar von 1657, Altarbild von Bernd Zimmer und Glasfenstern von Prof. Johannes Schreiter.

↑
Die Tür zur Sakramentskapelle steht den Betern immer offen.

↑
Familienepitaph des Erzbischofs Daniel Brendel
von Homburg von 1563.

←
Der um 1400 erbaute doppelstöckige Kreuzgang beherbergte einst im Obergeschoss die Dombibliothek.

↑
Im Innenhof werden bis heute die Domherren bestattet.

↑
Auf dem Weg zum Chorhaus: Der Domchor im Südflügel.

↑
Der Westflügel des Kreuzganges mit Zugang zur Memorie.

→
Ein Licht erhellt die Nacht: Die Osterkerze wird in den dunklen Dom getragen.

→
Das Osterfeuer im Innenhof des Kreuzganges.

Sinnbild des Lebenswillens

Nachwort zum Jubiläumsband

von Prof. Markus Schächter
Vorsitzender der Stiftung Hoher Dom zu Mainz und Intendant des ZDF

Was zeigen uns die Bilder des Mainzer Domes? Wir sehen den 1000-jährigen Jubilar in seinem Zustand von heute. Seine Bilder aus der Luft und aus der Nähe verraten dabei mehr, als der normale Betrachter zu erspähen vermag. Damit ergänzen sie prachtvoll, was man in seinen Mauern erlebt. Tagtäglich kommen Menschen von nah und fern, um zu schauen und zu staunen, um sich selbst ein Bild zu machen, auch um das Gesehene in eigenen Bildern festzuhalten. Sie kommen natürlich auch, um zu beten oder einfach nur innezuhalten. Nicht selten entsteht dabei eine innere Beziehung zwischen Besucher und Besuchtem. Die Größe des Bauwerks macht den Menschen vielleicht klein, aber zugleich erhebt sie ihn auch wieder. Solches persönliche Erleben, Erheben und buchstäbliche »Erbauen« lässt sich kaum in Bildern wiedergeben, und doch kann man etwas davon an andere Menschen weitergeben.

Es gibt Kirchen, die stehen auf freien Plätzen oder auf Anhöhen, auf Felsen gar wie auf einem erhabenen Sockel oder wie eine wehrhafte Burg. Die meisten Dome freilich stehen mitten in der Stadt, aber kaum einer steht so unmittelbar unter den Menschen wie der Dom in Mainz: eng umbaut von Wohnhäusern und Geschäften, mitten im Marktgeschehen, im Alltagsleben, im Leben überhaupt. Mit dieser architektonischen Vorgabe stehen seine Tore für einen jeden immer schon offen. Das traditionelle Bild für diese Verbindung zwischen Kirche und Menschen ist das einer Brücke. Als »Peterskirche des Nordens« und »Lieblingstochter Roms« ist die Mainzer Kathedrale Symbol für das, was Petrus und jeder seiner Nachfolger immer schon war: »Pontifex«, Brückenbauer hin zu Gott, aber auch hin zum Volk.

In einem ganz praktischen Sinne des römischen »urbi et orbi« kann sich der Freundeskreis einer Kirche im Medienzeitalter weit über die Stadt hinaus auf den ganzen Erdkreis ausweiten. Die elektronische Reichweite entspricht dabei idealerweise der traditionsreichen Bedeutung des Mainzer Bischofssitzes: Er war mehr als 1000 Jahre lang die geistliche und politische Mitte des größten Erzbistums im Abendland. Von Erzbischof Willigis um die erste Jahrtausendwende als eine Art »Staatsdom« geplant, ist der Mainzer Dom nicht nur ein religiöses, sondern auch ein nationales Baudenkmal von höchstem Rang: Als architektonischer Zeuge sah er in seinen Mauern glanzvolle Bischofsweihen und Königskrönungen, erlebte aber auch die Schattenseiten einer wechselvollen Geschichte: Von seinem Weihetag an war er immer wieder Opfer von menschlicher und höherer Gewalt, von Brand und Blitz und Krieg, von Bombardierungen, Plünderungen und anderen Entweihungen. Er war Viehstall für Napoleons Soldaten und zugleich deren Lazarett. Allerdings war er auf seinen 20.000 Eichenpfählen sozusagen auch selbst ein chronischer Patient mit stets nassen Füßen im Grundwasser des Rheins. Immer wieder aufgebaut, angebaut, umgebaut, steht er mit seiner bewegten Baugeschichte auch für den Wandel der Epochen mit all ihren religions- und stilgeschichtlichen Nebenwirkungen. So ist er nicht zuletzt ein ermutigendes Sinnbild für den unverbrüchlichen (Über)Lebenswillen seiner Erbauer und Bewahrer.

Um das unschätzbare Bauwerk auch in seinem zweiten Jahrtausend zu bewahren, reicht es nicht, es auf Hochglanzbildern zu betrachten: Sein Weiterleben ist auch ein Kampf gegen den gnadenlosen »Zahn der Zeit«. Dessen Schärfe hat durch unsere schadstoffbelastete Luft dramatisch zugenommen. Einen solchen Giftzahn kann man nicht einfach ziehen. Darum wird der Dom im Wettlauf mit der Zeit eine »ewige Baustelle« bleiben. – Sein 1000. Geburtstag ist ein geeigneter Anlass, sich dessen bewusst zu bleiben und danach zu handeln. Der Jubiläumsdom dient nicht nur Gott zur Ehre und den Menschen zur Freude, sondern bleibt auch unser aller stete Aufgabe.

→
Das Turmgebirge des Domes.

Die Fotografen

Martin Blume

geboren am 23. November 1956
lebt und arbeitet in Landau

seit 1986	intensive Auseinandersetzung mit dem Medium Photographie, Schwerpunkt analoge Großbild-Photographie
1973–1976	Lehre als Chemigraph in Kaiserslautern
1997	Diplom in Psychologie
1988	Beginn mit der Großformat-Photographie
1991	Agfa-Ehrenpreis der »Large Format Photo Foundation«
1998	Gründung der »Academia Palatina« zur Förderung der klassischen Schwarz-Weiß-Photographie
2005	Initiierung der »Classic Photography«
seit 2006	Vorbereitung von »Vestiges II«

Zahlreiche Werke in internationalen öffentlichen und privaten Sammlungen

Bernd Radtke

geboren am 11. Mai 1960 in Aachen
lebt und arbeitet in Aachen

seit 1986	Beschäftigung mit digitalen Bildmöglichkeiten; produziert seit 1996 vollständig digital
1976	Die Fotografie wird zu seiner Sprache; Klassische Ausbildungen; Fotografenmeister
1992	Gründung von »Studio 9«, Fotostudio für Werbung in Aachen
1998	Studio 9 gewinnt den Multimedia Award der IHK Aachen; Intensive künstlerischen Arbeit mit vielen Einzel- und Gruppenausstellungen
2004	Vollendung der Sequenz »Vista Pintoresca«
seit 2006	Arbeit am Zyklus »Defense de coucher«

Zahlreiche Werke in internationalen öffentlichen und privaten Sammlungen

Zur Entstehung des Bildbandes

Der vorliegende Bildband ist das Ergebnis einer ganz besonderen Annäherung an den Dom. Am Anfang stand die Frage, ob es überhaupt möglich sei, eine so komplexe und facettenreiche Architektur und Ausstattung in Bildern wiederzugeben. Dies schien nur möglich, wenn mit einem außerordentlichen Maß an Einfühlungsvermögen, einem künstlerischen Auge, handwerklicher Präzision und viel Zeit an die Aufgabe herangegangen würde. Über all diese Voraussetzungen verfügten die beiden Fotografen Martin Blume und Bernd Radtke, die über den Zeitraum eines Jahres dem Mainzer Dom mit ihren Kameras nachspürten. In völligem Vertrauen auf die Wirkung des natürlichen Lichteinfalls fotografierten sie bewusst ohne den Einsatz von künstlicher Beleuchtung. Gerade die Innenaufnahmen erhielten dadurch eine Klarheit und Wahrheit, wie sie sonst nur die Malerei – unbehelligt von Brennweite und Belichtungszeit – hervorbringen kann. Dies ist umso bemerkenswerter angesichts der Tatsache, dass der Dom ein bereits etliche Male auf Fotopapier gebanntes Motiv ist und wir ihn daher von allen Seiten zu kennen glauben. Doch liegt die Kunst darin, gerade die allzu bekannten Ansichten neu erscheinen zu lassen – sie so zu zeigen, als ob wir sie zum ersten Mal sähen. Darüber hinaus zeigt der fotografische »Rundgang« durch den Dom auch vieles, was den Kirchenbesuchern üblicherweise verborgen bleibt. All das macht diesen Bildband zu einem spannenden Erlebnis, wobei es dem Betrachter freisteht, ob er der vorgegebenen Reihenfolge der Abbildungen folgen will oder den Blick beim Blättern schweifen lässt. In jedem Falle werden die Bilder fesseln – den Fremden, der die Mainzer Kathedrale möglicherweise zum ersten Mal betrachtet ebenso wie den Mainzer, der sich vielleicht aufs Neue in »seinen« Dom verlieben wird.

Die Herausgeber/Die Redaktion

Impressum

Herausgeber
Stiftung Hoher Dom zu Mainz

Projektleitung
Domkonservator Dr. Hans-Jürgen Kotzur

Bearbeitung und Koordination
Bettina Schüpke M.A.

Fotos
Martin Blume und Bernd Radtke
Fotografenporträts von Heidi Hintereck

Gestaltung
Verlag der Universitätsdruckerei H. Schmidt, Mainz
Christopher Ide

Schriften
DTL Prokyon · Stone Serif

Druck
Universitätsdruckerei H. Schmidt, Mainz

Verarbeitung
Buchbinderei Schaumann, Darmstadt

Robert-Koch-Straße 8
55129 Mainz
Tel.: 0 61 31/50 60-0
Fax: 0 61 31/50 60 70
E-Mail: buch@universitaetsdruckerei.de

2. Auflage 2010

ISBN 978-3-935647-46-5

Titelbild
Blick vom Westturm nach Osten.

Abbildung Seite 2, 3
Der Patron blickt auf seinen Dom:
Morgenstimmung von der Kupferbergterrasse aus.

Der Bildband erscheint auch als leinengebundene Ausgabe in limitierter Auflage von 150 Exemplaren. Zu jedem dieser Bücher wird ein nummerierter und handsignierter Fineartprint geliefert.